한글 묘법연화경 사경 ❺
목 차

第1卷　송경의식
　　　　서품 제1
　　　　방편품 제2
　　　　비유품 제3

第2卷　신해품 제4
　　　　약초유품 제5
　　　　수기품 제6
　　　　화성유품 제7

第3卷　오백제자수기품 제8
　　　　수학무학인기품 제9
　　　　법사품 제10
　　　　견보탑품 제11
　　　　제바달다품 제12
　　　　권지품 제13
　　　　안락행품 제14

第4卷 　종지용출품 제15

　　　　여래수량품 제16

　　　　분별공덕품 제17

　　　　수희공덕품 제18

　　　　법사공덕품 제19

　　　　상불경보살품 제20

　　　　여래신력품 제21

第5卷 　약왕보살본사품 제22 ——————— 5

　　　　묘음보살품 제23 ——————— 30

　　　　관세음보살보문품 제24 ——— 49

　　　　다라니품 제25 ——————— 71

　　　　묘장엄왕본사품 제26 ————— 83

　　　　보현보살권발품 제27 ————— 101

　　　　촉루품 제28 ————————— 117

【 사경발원문 】

묘법연화경 사경

　　　　　　　　　　년　　월　　일

　　사경인 :

묘법연화경(妙法蓮華經)
약왕보살본사품(藥王菩薩本事品) 제22

1.

그때에 수왕화보살(宿王華菩薩)이 부처님께 사뢰기를:

"세존이시여! 약왕보살(藥王菩薩)은 어찌하여 이 사바세계에서 노니나이까?

세존이시여! 이 약왕보살은 수백천만억 나유타의 난행(難行)과 고행(苦行)이 있었으리니, 거룩하신 세존이시여! 원하옵건대 조금이나마 설해주옵소서!

모든 천·룡·야차와 건달바·아수라·가루라·긴나라·마후라가 등 사람인 듯 아닌 듯한 자들과 또한, 다른 세계에서 찾아온 여러 보살들과 이곳의 성문대중들이 듣자오면, 모두가 기뻐할 것이옵니다."

2.

그때에 부처님께서 수왕화보살에게 고하시길 :

"멀고도 먼 과거 한량없는 갠지스강 모래수의 겁 전에 부처님이 계셨으니, 명호가 일월정명덕(日月淨明德) 여래·응공·정변지·명행족·선서·세간해·무상사·조어장부·천인사·불세존이시라.

그 부처님께는 80억의 대보살마하살과 72갠지스강 모래수의 훌륭한 성문들이 있었으며, 부처님의 수명은 4만2천 겁이고 보살의 수명도 역시나 같았느니라.

저 세계에는 여인과 지옥·아귀·축생·아수라와 온갖 환난이 없었으며, 땅은 손바닥처

럼 평평하고 유리보배로 되었으며,

보배나무로 장엄하고 보배 장막을 그 위에 덮었으며, 보배 꽃과 깃발을 드리웠고 보배 병과 향로가 온 나라에 두루 가득하였느니라. 칠보로 된 좌대가 한 나무에 하나씩 있었으니, 나무와 좌대의 간격은 한 화살의 사정거리였으며, 이 보배나무 밑에는 보살과 성문이 앉아 있었고, 모든 보배로된 좌대 위에는 각기 1백억의 여러 하늘이 있어, 천상의 풍악을 울리면서 부처님께 찬탄의 노래를 공양하였도다.

3.

그때에 저 부처님께서 일체중생희견보살(一切衆生憙見菩薩)과 또 다른 보살들은 물론 모든 성문대중을 위하여 법화경을 설하셨나니.

이 일체중생희견보살이 즐거이 고행을 익혀 일월정명덕 불법 가운데 정진하고 거닐면서, 1만2천 년 동안 내내 일심으로 불도를 구하더니 현일체색신삼매(現一切色身三昧)를 얻었느니라.

이 삼매를 얻고 마음이 크게 기뻐서 곧바로 생각하기를 '내가 현일체색신삼매(現一切色身三昧)를 얻게 된 것은 모두가 이 법화경을 들은 가피력이니, 내가 지금 마땅히 일월정명덕 불과 법화경에 공양하리라.' 하고 즉시에 이 삼매에 들었나니.

즈음하여 허공에서 만다라꽃과 마하만다라꽃과 고운 가루로 된 견고한 검은 전단향이 구름같이 허공에 가득 차서 비 오듯이 내렸으며, 또한 해차안(海此岸) 전단향도 비 오듯이 내렸으니, 이 향의 6수(銖) 정도의 가치가 사바세계와 맞먹을 정도거늘, 이것을 부처님께 공양하였느니라.

4.

이와 같은 공양을 마치고 삼매에서 일어나, 스스로가 생각하여 이르기를 '내가 비록 신통력으로 부처님께 공양하였으나, 몸으로 공양함만 못하도다.' 하고, 곧바로 온갖 향인 전단·훈륙(薰陸)과 도루바(兜樓婆)·필력가(畢力迦)와 침수·교향(膠香)을 복용하고,

또한 첨복과 온갖 꽃의 향유를 천이백 년 동안 마신 뒤에, 향유를 몸에 바르고 일월정명덕불 앞에서 하늘의 보배 옷으로 자신을 두르고,

온갖 향유를 뿌리면서 신통력과 발원으로 스스로 몸을 태웠으니, 광명이 80억 갠지스강

모래수의 세계에 두루 뻗쳤느니라.

그러자 그곳의 제불께서 동시에 찬탄하여 이르시길,

'훌륭하고도 훌륭하구나. 선남자여! 이야말로 참된 정진이며, 이야말로 여래에게 올리는 참된 법공양이라 부를만하도다.

만약에 꽃과 향과 영락과 소향·말향·도향과 하늘의 비단 깃발·일산과 해차안전단의 향인 이러한 가지가지 물건들로 공양할지라도 능히 미치지 못할 것이며, 설령 왕위와 도성(都城)과 처자식을 보시할지라도 역시나 미치지 못하리니.

선남자여! 이야말로 으뜸가는 보시라 부를만하며, 모든 보시 가운데 가장 존귀하고 으뜸이니 법으로써 제불여래께 공양하기 때문이로다.'

이런 말씀을 하신 뒤에 저마다 묵연히 계셨나니, 그 몸이 천이백 년을 불탄 뒤에야 다하였느니라.

5.

일체중생희견보살이 이와 같이 법공양(法供養)을 마치고 목숨이 다한 뒤에, 또다시 일월정명덕불의 국토 가운데 정덕왕가(淨德王家)에 가부좌를 맺은 채, 홀연히 변화하여 태어나서 곧바로 그의 부왕(父王)에게 게송으로 이르기를,

頌

⑫ '대왕이셔! 지금 응당 아옵소서!
　　제가 저곳 거닐면서 바로 즉시
　　일 체 색 신 (一切色身)
　　나타내는 삼매(三昧) 얻고

ⓒ 부지런히 용맹정진 하였으며
　　　애지중지(愛之重之) 이 몸 태워
　　　세존님께 공양(供養) 올려
　　　무상지혜(無上智慧) 구했다오.'

6.

　이 게송을 설하고서 부왕에게 이르기를,
'일월정명덕불께서 지금도 계시오니, 제가 앞서 부처님께 공양하여 해일체중생어언다라니(解一切衆生語言陁羅尼)를 얻었으며, 또한 이 법화경의 8백천만억 나유타·견가라(甄迦羅)·빈바라(頻婆羅)·아촉바(阿閦婆) 등의 게송을 들을 수 있었나니,
　대왕이시여! 제가 지금 마땅히 돌아가서 저 부처님께 공양하겠나이다.'고 사뢴 뒤에, 곧바로 칠보의 누대에 앉아 허공으로 솟아오르

니 높이가 7다라수라.

 부처님 처소에 도착하여 머리를 조아리고 발에 예경하며, 열 손가락을 모으고서 게송으로 부처님께 찬탄하기를,

頌

 '존안 매우 묘하시고 시방세계
  광명 두루 비추시는 세존이셔!
  일찍이도 공양(供養) 올린
  제가 지금 돌아와서 뵙나이다.'

7.

 이어서 일체중생희견보살이 이 게송을 설하고 부처님께 사뢰기를,

 '세존이시여! 세존께서는 여전히 세상에 계시옵나이다.'

 바로 그때 일월정명덕불께서 일체중생희견

보살에게 고하시길,

'선남자여! 내가 열반할 때가 되었고 멸진할 때가 이르렀으니, 그대는 정녕 안온한 자리를 마련하라. 내가 오늘 밤에 마땅히 완전한 열반에 들 것이다.'

또다시 일체중생희견보살에게 분부하시기를,

'선남자여! 내가 불법을 그대에게 부촉하겠으며, 모든 보살과 훌륭한 제자들과 아울러 최상의 완전한 깨달음의 법과 또한, 삼천대천 칠보세계와 온갖 보배나무와 보배 누대와 시봉하는 모든 하늘도 그대에게 전부 다 부촉하노라.

내가 멸도한 뒤의 사리도 역시나 그대에게 부촉하노니, 마땅히 유포하여 널리 공양을 베풀되 수천의 탑을 세울지어다.'

이와 같이 일월정명덕불께서 일체중생희견보살에게 분부를 마치시고 늦은 밤중에 열반에 드셨느니라.

8.

그때에 일체중생희견보살이 부처님께서 멸도하심을 뵈옵고 슬픔에 겨워 탄식하고, 부처님을 연모하면서 곧바로 해차안전단을 쌓아 부처님의 몸에 공양하고 다비(茶毘) 하였나니.

다비한 불이 다 꺼진 뒤에 사리를 거두어 8만4천의 보배 병을 만들어 8만4천의 탑을 세우니 높이가 3세계까지였으며, 표찰(表刹)을 장엄하고 온갖 깃발과 일산을 드리우고 많은 보배 방울을 달았느니라.

9.

그때에 일체중생희견보살이 다시 스스로 생각하여 이르기를,

'내가 비록 이런 공양(供養)을 하였으나, 마음이 아직 흡족하지 않도다. 내가 이제 마땅히 다시 사리에 공양하리라.' 하고, 모든 보살과 훌륭한 제자들과 천·룡·야차 등의 일체 대중에게 말하기를,

'그대들은 마땅히 오롯하게 마음을 기울일지니, 내가 이제 일월정명덕불의 사리(舍利)에 공양하리라.'

이렇게 말한 뒤에 곧바로 8만4천의 탑 앞에서 백 가지 복으로 장엄한 두 팔을 태워 7만2천 년을 공양하고, 성문을 구하는 많고 많은 대중과 한량없는 아승기 사람들이 '최상의 완전한 깨달음'의 마음을 일으키도록 하고, 모두가 현일체색신삼매를 얻어 머물도록 하

였느니라.

그때에 모든 보살과 하늘·인간·아수라 등이 그의 팔이 없어짐을 보고서 근심하고 슬피 애통해하며 이르기를,

'일체중생희견보살! 이분께서는 우리들의 스승으로서 우리를 교화하셨거늘, 지금 팔을 태우셔 몸이 온전치 못하게 되셨구나.' 하였나니.

이때 일체중생희견보살이 대중 앞에서 서원을 세워 이르기를,

'내가 두 팔을 버렸으나 반드시 부처님의 금빛 몸을 얻으리라. 만약에 진실하여 허망하지 않다면, 나의 두 팔이 예전처럼 회복되리로다.'

이런 서원을 마치자마자 저절로 회복되었나니, 이 보살의 복덕과 지혜가 이리도 순박하

고 두터웠기 때문이라.

 그때 바로 삼천대천세계가 여섯 가지로 진동하고 하늘에서는 보배 꽃이 비 내리니, 모든 천상의 신들과 인간들이 미증유를 얻었느니라."

 10.

 또다시 부처님께서 수왕화보살에게 고하시길 :

 "일체중생희견보살이 어찌 다른 사람이랴! 지금의 약왕보살이 바로 그이니라. 그는 이와 같이 한량없는 백천만억 나유타(那由他)의 숫자만큼 그 몸을 버려 보시하였도다.

 수왕화여! 만약에 발심하여 '아뇩다라삼먁삼보리'를 얻고자 하는 자가 능히 손가락이나 발가락 하나를 태워 불탑에 공양한다면, 왕위

(王位)와 도성(都城)과 처자식과 삼천대천국토의 산림이나 하천이나 연못과 온갖 진귀한 보물을 공양하는 자보다 훨씬 더 뛰어나니라.

만약에 또 다른 어떤 사람이 삼천대천세계에 일곱 가지 보배를 가득 채워 부처님과 대보살·벽지불과 아라한에게 공양할지라도, 이 사람의 얻을 공덕이 이 법화경 네 구절의 한 게송(四句偈)만을 마음에 새겨 지님만 못하나니, 이 경이 그만큼이나 복이 많고도 많으니라.

11.

수왕화여! 비유컨대,

① 일체 흐르는 냇물과 강물의 온갖 물 가운데 바다가 으뜸이듯, 이 법화경도 또한 다시 이와 같아 모든 여래께서 설하신 경 가운데

가장 깊고 위대하며,

② 토산(土山)·흑산(黑山)과 소철위산·대철위산과 열 가지 보배가 나는 산(十寶山)의 온갖 산 가운데 수미산이 으뜸이듯, 이 법화경도 또한 다시 이와 같아 모든 경 가운데 가장 최상이며,

③ 뭇 별들 가운데 달(月天子)이 가장 으뜸이듯, 이 법화경(法華經)도 또한 다시 이와 같아 천만 억 종류 모든 경의 가르침 가운데 가장 밝게 빛나며,

④ 태양(日天子)이 능히 온갖 어둠을 몰아내듯, 이 경도 또한 다시 이와 같아 능히 일체 착하지 못한 어둠을 쳐부수며,

⑤ 여러 소왕(小王) 가운데 전륜성왕이 가장 으뜸이듯, 이 경도 또한 다시 이와 같아 모든 경 가운데 가장 존귀하며,

⑥ 제석천이 33천신 가운데 왕이듯이, 이 경도 또한 다시 이와 같아 모든 경 가운데 왕이며,

⑦ 대범천왕이 일체중생들의 아버지듯이, 이 경도 또한 다시 이와 같아 일체 현성(賢聖)과 학(學)·무학(無學)과 보살의 마음을 일으킨 자들의 아버지며,

⑧ 일체 범부들 가운데 수다원·사다함·아나함·아라한과 벽지불이 으뜸이듯, 이 경도 또한 다시 이와 같아 일체 여래와 보살·성문이 설한 모든 경의 가르침 가운데 가장 으뜸이니, 그렇기에 이 경전을 능히 마음에 새겨 지니는 자도 또한 다시 이와 같아 일체중생 가운데 역시나 으뜸이며,

⑨ 일체 성문·벽지불 가운데 보살이 으뜸이듯, 이 경도 또한 다시 이와 같아 일체 모든 경

의 가르침 가운데 가장 으뜸이며,

⑩ 부처님이 모든 법의 왕이듯이, 이 경도 또한 다시 이와 같아 모든 경 가운데 왕이니라.

12.

수왕화여! 이 경은 일체중생을 능히 구하고, 이 경은 일체중생의 모든 고뇌를 능히 여의도록 하며, 이 경은 일체중생을 능히 크게 요익되게 하여 그 소원(所願)을 충족시키느니라.

마치 청량한 연못이 일체 모든 목마른 자를 만족시키듯이, 추위에 떠는 자가 불을 만나듯이, 헐벗은 자가 옷을 얻듯이, 장사꾼이 물주를 만나듯이, 어린 아들이 어머니를 만나듯이, 나루에서 배를 얻듯이,

병든 이가 의사를 만나듯이, 어둠 속에서 등

불을 얻듯이, 가난한 자가 보물을 얻듯이, 백성이 임금을 만나듯이, 무역상(貿易商)이 바다를 만나듯이, 횃불이 어둠을 몰아내듯이,

 이 법화경(法華經)도 또한 다시 이와 같아 중생들이 온갖 괴로움과 온갖 병의 고통을 능히 여의도록 하고, 생사의 모든 속박에서 능히 풀어주느니라.

13.

 만약에 어떤 사람이 이 법화경을 듣고서 혹은 스스로 베껴 쓰거나 혹은 남에게 베껴 쓰도록 하면, 그 얻을 공덕은 부처님의 지혜로 많고 적음을 헤아릴지라도, 그 끝을 알 수가 없느니라.

 만약에 이 경전을 베껴 쓰고 꽃과 향과 영락과 소향·말향·도향과 깃발·일산·의복과

소등·유등과 온갖 향유등·첨복유등·수만나유등·바라라유등·바리사가(婆利師迦)유등·나바마리(那婆摩利)유등 가지가지 등을 공양하면, 그 얻을 공덕 또한 한량이 없으리라.

14.
수왕화여! 만약에 어떤 사람이 이 약왕보살본사품을 듣는다면, 또한 한량없고 끝이 없는 공덕을 얻을 것이며,

만약에 어떤 여인이 이 약왕보살본사품을 듣고서 능히 마음에 새겨 지닌다면, 여인의 몸이 다한 뒤에 다시는 여인의 몸을 받지 않으리라.

여래가 멸도한 지 오백 년씩 맨 뒤인 다섯 번째에(後五百歲) 어떤 여인이 만약에 이 경전을 듣고 설한대로 수행한다면, 그곳에서 목숨을

마치고 곧바로 대보살대중에게 에워싸여 계시는 아미타불의 극락세계에(安樂世界) 가서 연꽃 가운데 보배 자리 위에 태어나리니.

다시는 탐욕의 번뇌가 없고, 또다시 성내고 어리석음의 번뇌가 없고, 역시나 다시는 교만과 질투의 온갖 더러운번뇌가 없어서 보살의 신통과 무생법인(無生法忍)을 얻으리라.

이 무생법인을 얻고 나서 눈이 청정해지고, 이 청정한 눈으로 7백만 2천억 나유타 갠지스강 모래수의 제불여래를 뵙게 되리니, 이때에 제불께서 멀리서 다 함께 칭찬하여 이르시길, '훌륭하고도 훌륭하구나. 선남자여! 그대가 석가모니 불법 가운데 이 경을 능히 마음에 새겨 지니면서, 독송하고 사유하여 남을 위해 설해주다니, 그 얻을 복덕이 한량없고 끝없어서 불이 능히 태우지 못하고 물도 능히 빠뜨리지 못하리니.

　그대의 공덕을 1천의 부처님께서 다 함께 설할지라도 능히 다하지 못할 것이며, 그대는 이제 모든 마군의 적을 능히 쳐부수고 생사의 군대를 무찔러서 다른 온갖 원한의 적도 전부 다 꺾어 없앴도다.

　선남자여! 백천의 제불께서 신통력으로 다 함께 그대를 수호하시리니, 일체 세간의 하늘과 인간 가운데 그대 같은 이는 없느니라.

　오직 여래를 제외하고는 그 모든 성문·벽지불과 보살들도 지혜와 선정이 그대들 같은 이는 없도다.' 하시리니.

　수왕화여! 이런 보살은 이와 같은 공덕과 지혜의 힘을 성취하리라.

　만약에 어떤 사람이 이 약왕보살본사품을 듣고 능히 함께 따라서 기뻐하며 거룩하다고 찬탄한다면, 이 사람은 살아생전에 입에서는 항상 푸른 연꽃의 향기가 나오고, 몸의 털구멍에서는 항상 우두전단의 향기가 풍길 것이며, 얻을 공덕은 앞에 설한 바와 같으니라.

15.

　수왕화여! 그렇기에 이 약왕보살본사품을 그대에게 부촉하노니, 내가 멸도한 지 오백 년씩 맨 뒤인 다섯 번째까지 염부제에 널리 펴서 유포하여 단절시키지 말고, 악마와 그 부하들과 모든 하늘과 용왕·야차·구반다 등이 그 틈을 엿보지 못하도록 할지어다.
　수왕화여! 그대는 신통력으로 이 경을 마땅히 수호할지니, 어인 까닭인고? 이 경은 염부제의 병든 사람에게 바로 좋은 약이 되기 때문이니, 만약에 어떤 사람이 병이 들어 이 경을 듣는다면, 병이 바로 즉시 소멸하고 늙고 죽음도 없으리라.

16.

수왕화여! 그대가 만약에 이 경을 마음에 새겨 지니는 자를 보거든, 푸른 연꽃과 가루향을 가득 담아 그 위에 흩뿌리면서 공양한 뒤에,

'이 사람이 머지않아 틀림없이 길상초를 도량에 깔고 앉아 모든 마군을 쳐부수고, 마땅히 진리의 소라를 불며 커다란 진리의 북을 두드려서, 일체중생들을 늙고 병들어 죽는 고해(苦海)에서 제도하여 해탈시키리라.'고 생각하며 말할지어다.

그렇기에 불도를 구하는 자라면 이 경전을 마음에 새겨 지니는 자를 보거든, 응당히 이

와 같이 공경심을 내어야 하느니라."

17.
이 약왕보살본사품을 설하실 적에 8만4천 보살들이 해일체중생어언다라니를 얻었으며, 보탑 안의 다보여래께서 수왕화보살을 칭찬하며 이르시길:
"훌륭하고도 훌륭하구나. 수왕화여! 그대는 불가사의한 공덕을 성취하고, 능히 석가모니불께 이와 같은 일을 여쭈어서 한량없는 일체중생을 이익되게 하는구나."

묘법연화경 약왕보살본사품 제22 마침

묘법연화경(妙法蓮華經)
묘음보살품(妙音菩薩品) 제23

1.

그때에 석가모니불께서 32상호(大人相) 가운데 하나인 육계(肉髻)에서 광명을 놓으시고, 또한 미간의 백호상(白毫相)에서도 광명을 놓으사 동쪽으로 1백8만 억 나유타 갠지스강 모래수의 제불 세계를 두루 비추셨나니.

이러한 수를 지나 정광장엄(淨光莊嚴)이란 세계가 있어 그 국토에 부처님이 계시니, 명호가 정화수왕지(淨華宿王智) 여래·응공·정변지·명행족·선서·세간해·무상사·조어장부·천인사·불세존이시라.

한량없고 끝이 없는 보살대중에게 에워싸여 공경을 받으면서 설법하시거늘, 석가모니불의 백호광명(白毫光明)이 그 세계를 두루 비추셨나이다.

2.

그때에 일체정광장엄세계에 한 보살이 있었으니, 명호가 묘음(妙音)이라. 오래도록 온갖 덕의 씨앗을 심었으며, 한량없는 백천만억의 제불을 친근·공양하여 매우 심오한 지혜를 다 성취하고,

백천만억 갠지스강 모래수의 온갖 삼매인 묘당상삼매(妙幢相三昧)·법화삼매(法華三昧)·정덕삼매(淨德三昧)·수왕희삼매(宿王戲三昧)·무연삼매(無緣三昧)·지인삼매(智印三昧)·해일체중생어언삼매(解一切衆生語言三昧)·집일체공덕삼매(集一切功德三昧)·청정삼매(淸淨三昧)·신통유희삼매(神通遊戲三昧)·혜거삼매(慧

炬三昧)·장엄왕삼매(莊嚴王三昧)·정광명삼매(淨光明三昧)·정장삼매(淨藏三昧)·불공삼매(不共三昧)·일선삼매(日旋三昧) 등 이와 같은 삼매를 얻으신 분이더라.

3.

석가모니불의 광명이 그의 몸을 비추자 곧바로 정화수왕지불께 사뢰기를:
"세존이시여! 제가 마땅히 사바세계에 나아가 석가모니불께 예경·친근·공양하고, 문수사리법왕자보살과 약왕보살·용시보살·수왕화보살·상행의보살·장엄보살·약상보살을 만나보겠나이다."

4.

그때에 정화수왕지불께서 묘음보살에게 고

하시길 :

"그대는 저 세계를 업신여겨 얕잡아 보는 생각을 내지 말지니, 선남자여!

저 사바세계는 위아래가 고르지 못하고, 흙과 돌과 모든 산에는 더럽고 몹쓸 것이 가득하며, 부처님의 몸은 매우 작으시고 모든 보살대중의 모습도 또한 작거니와,

그대 몸은 4만2천 유순이고 나의 몸은 6백80만 유순이며, 그대 몸이 단정하기로는 으뜸이고 백천만 가지 복의 광명이 더할 나위 없이 묘하나니,

그럴지라도 그대는 거기에 가서 저 세계를 업신여겨 혹은 부처님과 보살과 국토를 얕잡아 보는 생각을 내지 말지어다."

묘음보살이 그 부처님께 사뢰기를 :

"세존이시여! 제가 지금 사바세계에 나아

감도 전부가 다 여래의 가피력이시며, 여래의 신통으로 노니는 것이며, 여래의 공덕과 지혜 장엄 덕분이옵니다."

즈음하여 묘음보살이 자리에서 일어나지도 않고 몸을 움직이지도 않은 채, 삼매(三昧)에 들어 삼매의 힘으로 기사굴산의 법좌에서 멀지 않은 곳에다 8만4천 송이의 온갖 보배 연꽃을 변화시켜 만들었나니.

염부단금으로 줄기가 되고, 백은(白銀)으로 이파리가 되었으며, 금강으로 꽃술이 되고, 견숙가보(甄叔迦寶)로 그 좌대가 되었음이라.

5.

그때에 문수사리법왕자가 이 연꽃을 보고 부처님께 사뢰기를:

"세존이시여! 이 어떠한 인연으로 먼저 이

런 상서가 나타나나이까? 수천만 송이의 연꽃이 있되 염부단금으로 줄기가 되고, 백은으로 이파리가 되었으며, 금강으로 꽃술이 되고, 견숙가보로 그 좌대가 되었나이다."

그때에 석가모니불께서 문수사리에게 이르시길 :

"정화수왕지불의 세계에서 저 묘음보살마하살이 8만4천의 보살에게 에워싸여, 이 사바세계에 와서 나를 공양·친근·예경코자 함이며, 또한 법화경에 공양하고 듣고자 함이니라."

6.

문수사리가 부처님께 사뢰기를 :

"세존이시여! 이 보살이 어떤 착한 씨앗을 심었으며, 어떤 공덕을 닦았기에 능히 이러한 크나큰 신통력이 있으며, 어떤 삼매를 행하나이까? 원하옵건대 저희들을 위하시사 이 삼매의 명칭을 설해주옵소서!

저희들도 부지런히 수행하여 이 삼매를 행하겠사오니, 이 보살 생김새의 크고 작음과 거동의 나아가고 멈춤을 능히 보고 싶사옵니다.

원하옵건대 세존이시여! 부디 신통력으로 저 보살이 오는 것을 저희들이 보도록 하옵소서!"

바로 그때 석가모니불께서 문수사리에게 고하시길 :

"여기 오래전에 멸도하신 다보여래께서 그대들을 위하여 마땅히 그 모습을 나타내도록 하시리라."

7.

 때에 다보불께서 저 보살에게 고하시길 :
"선남자여! 여기에 올지어다. 문수사리법왕자가 그대의 몸을 보고자 하느니라."

 즈음하여 묘음보살이 저 세계에서 사라져 8만4천의 보살들과 다 함께 이곳을 향하여 오니, 지나오는 모든 국토가 여섯 가지로 진동하고 칠보로 된 연꽃이 비 오듯이 내렸으며, 백천의 천상 악기가 치지 않아도 저절로 울렸나니.

 이 보살의 눈이 넓고 크기가 마치 커다란 푸른 연꽃잎 같아, 진정으로 백천만의 밝은 달이 화합하여 어울린다 해도, 그 용모가 이보다 더 단정할 수는 없으며 몸은 황금색이더라.

 한량없는 백천의 공덕으로 장엄하였으며, 위엄과 덕이 물씬 풍기면서 광명이 밝게 비췄으며, 모든 상을 빠짐없이 갖췄으니 마치 나라연(那羅延)의 견고한 몸과 같더이다.

8.

그가 칠보로 된 누각에 들어가 허공으로 솟구치니 지상에서 7다라수나 멀어졌으며, 여러 보살대중에 에워싸여 공경을 받으면서 이 사바세계의 기사굴산에 도착한 뒤에 칠보로 된 누각에서 내려와, 석가모니불의 처소에 이르러 머리를 조아리며 발에 예경하고, 가지고 온 가치가 백천 냥인 영락을 받들어 올리면서 부처님께 사뢰기를:
"세존이시여! 정화수왕지불께서 세존께 문안 여쭙기를,
'병은 없사오며, 걱정거리는 없으신지요? 일상생활은 경쾌하고 안락하시며 옥체는 조화로우신지요?

　세상사는 견딜만하시며 중생들은 쉽게 제도되나이까? 그들은 탐·진·치와 질투·인색·교만이 많지는 않은지요? 부모에게 불효하고 출가사문에게 불경(不敬)하며, 삿된 견해와 착하지 못한 마음은 없는지요? 또한 다섯 가지 정욕(五情)을 잘 다스리나이까?

　세존이시여! 중생들은 모든 마군과 원적(怨賊)을 능히 항복시키는지요? 오래전에 멸도하신 다보여래께서는 칠보탑 안에 계시면서 법을 들으셨는지요?'라 하셨으며,

　또다시 다보여래(多寶如來)께도 따로 안부하시기를 '걱정거리 없이 안온(安穩)하시고, 오랫동안 머무시는데 견딜만하신지요?'라 하셨사옵니다.

　세존이시여! 제가 지금 다보불의 옥체를 뵘

고자 하옵나니, 원하옵건대 세존께서는 저에게 보이시어 부디 친견토록 하옵소서!"

그때에 석가모니불께서 다보불께 말씀하시기를 :

"이 묘음보살이 모습을 친견코자 하나이다."

즈음하여 다보불께서 묘음보살에게 고하시길 :

"그대가 능히 석가모니불께 공양하고서, 법화경을 듣고 아울러 문수사리 등을 보고자 이곳까지 찾아오다니, 훌륭하고도 훌륭하구나."

9.

그때에 화덕보살(華德菩薩)이 부처님께 사뢰기를 :

"세존이시여! 이 묘음보살이 어떠한 선근을 심었으며, 어떠한 공덕을 닦았기에 이러한 신통력이 있나이까?"

부처님께서 화덕보살에게 고하시길 :

"과거에 부처님이 계셨으니 명호가 운뢰음왕(雲雷音王) 다타아가도(多陀阿伽度)·아라하(阿羅訶)·삼먁삼불타(三藐三佛陀)시며, 세계 이름은 현일체세간(現一切世間)이고 겁의 이름은 희견(憙見)이었느니라.

묘음보살이 1만2천 년 동안 10만 가지의 풍악을 운뢰음왕불께 공양하고, 아울러 8만4천의 칠보로 된 발우(鉢盂)를 받들어 올렸으니, 이러한 인연 과보로 지금의 정화수왕지불의 세계에 태어났으며, 이러한 신통력이 있게 되었느니라.

화덕이여! 그 당시에 운뢰음왕불의 처소에

서 풍악을 공양하고, 보배 발우를 받들어 올린 묘음보살이 어찌 다른 사람이랴? 지금의 이 묘음보살마하살이 바로 그이니라.

화덕이여! 이 묘음보살이 이미 일찍부터 한량없는 제불들께 공양·친근하여 오랫동안 덕의 씨앗을 심었으며, 또한 갠지스강 모래수의 백천만억 나유타 부처님을 만나 뵈었느니라.

10.

화덕이여! 그대는 묘음보살의 몸이 오직 여기에만 있다고 보겠지만, 이 보살은 가지가지 몸을 나타내어 곳곳에서 중생들을 위하여 이 경전을 설하나니.

혹은 범왕의 몸을 나타내고, 혹은 제석천의 몸을 나타내고, 혹은 자재천의 몸을 나타내고,

혹은 대자재천의 몸을 나타내고, 혹은 천대장군(天大將軍)의 몸을 나타내고, 혹은 비사문천왕(毘沙門天王)의 몸을 나타내고,

혹은 전륜성왕(轉輪聖王)의 몸을 나타내고, 혹은 여러 소왕(小王)의 몸을 나타내고, 혹은 장자(長者)의 몸을 나타내고, 혹은 거사의 몸을 나타내고, 혹은 관리(宰官)의 몸을 나타내고, 혹은 바라문의 몸을 나타내고,

혹은 비구·비구니·우바새·우바이의 몸을 나타내고, 혹은 장자·거사 부인(婦女)의 몸을 나타내고, 혹은 관리의 부인 몸을 나타내고, 혹은 바라문 부인의 몸을 나타내고, 혹은 동남·동녀의 몸을 나타내고,

혹은 천·용·야차와 건달바·아수라·가루라·긴나라·마후라가 등 사람인 듯 아닌 듯한 몸들을 나타내어 이 경을 설하며,

지옥·아귀·축생과 온갖 환난이 있는 곳을 전부 다 능히 구제하고, 나아가 왕의 후궁에서는 여자의 몸으로 변하여 이 경을 설하느니라.

11.

화덕이여! 이 묘음보살은 사바세계의 모든 중생들을 능히 구호하나니, 이 묘음보살이 이와 같이 가지가지 변화된 몸을 나타내어, 이 사바세계에서 모든 중생들을 위하여 이 경전을 설하지만, 신통 변화와 지혜는 조금도 감소되지 않느니라.

이 보살이 이러한 얼마만큼의 지혜로 사바세계를 밝게 비추어서 일체중생들이 저마다 아는 만큼 얻도록 하며, 갠지스강 모래수의 시방세계도 또한 다시 이와 같으니라.

만약에 성문의 모습으로 제도할 이에게는 성문의 모습을 나타내어 마땅히 설법하고,

 벽지불의 모습으로 제도할 이에게는 벽지불의 모습을 나타내어 마땅히 설법하고,

 보살의 모습으로 제도할 이에게는 보살의 모습을 나타내어 마땅히 설법하고,

 부처님의 모습으로 제도할 이에게는 부처님의 모습을 나타내어 마땅히 설법하나니,

 이와 같이 가지가지로 제도할 바를 따라 마땅히 모습을 나타내며, 나아가 멸도로써 제도할 이에게는 마땅히 멸도를 나타내어 보이느니라.

 화덕이여! 묘음보살마하살의 위대한 신통과 지혜의 힘을 성취한 그 일이 이와 같으니라."

그때에 화덕보살이 부처님께 사뢰기를 :
"세존이시여! 이 묘음보살이 선근(善根)을 깊이 심었다 싶으오니, 세존이시여!
이 보살이 어떤 삼매에 머무르기에 능히 이와 같은 곳에서 변화를 나타내어, 중생들을 제도하여 해탈토록 하는지요?"
부처님께서 화덕보살에게 고하시길 :
"선남자여! 그 삼매의 이름은 현일체색신(現一切色身)이니, 묘음보살이 이 삼매 중에 머물러 이와 같이 한량없는 중생들을 능히 요익되게 하느니라."
이 묘음보살품을 설하실 적에, 묘음보살과 함께 왔던 8만4천 인(人)이 전부가 현일체색신삼매를 얻었으며, 이 사바세계의 한량없는 보살들도 역시나 이 삼매와 다라니를 얻었더이다.

13.

그때에 묘음보살마하살이 석가모니불과 다보불탑에 공양하고 나서 본토로 돌아가니, 지나가는 모든 국토가 여섯 가지로 진동하고 보배 연꽃이 비 오듯이 내렸으며, 백천만억의 가지가지 풍악이 울리더이다.

이미 본국에 도착하자 8만4천의 보살에게 에워싸여 정화수왕지불의 처소에 이르러 부처님께 사뢰기를:

"세존이시여! 제가 사바세계로 가서 중생들을 요익되게 하였으며, 석가모니불과 다보불탑을 친견하고 예경·공양하였으며,

또한 문수사리법왕자보살을 만났으며, 약왕보살·득근정진력보살(得勤精進力菩薩)·용시보살(勇施菩薩) 등도 만났으며, 또다시 이 8만4천의 보살들이 현일체색신삼매를 얻도록 하

였나이다."

이 묘음보살래왕품(妙音菩薩來往品)을 설하실 적에, 4만2천의 천자가 무생법인(無生法印)을 얻고 화덕보살은 법화삼매(法華三昧)를 얻었나이다.

묘법연화경 묘음보살품 제23 마침

묘법연화경(妙法蓮華經)
관세음보살보문품(觀世音菩薩普門品) 제24

1.

그때에 무진의보살(無盡意菩薩)이 곧바로 자리에서 일어나 오른쪽 어깨를 내보이고, 부처님을 향하여 합장하며 사뢰기를:
"세존이시여! 관세음보살(觀世音菩薩)은 어떠한 인연으로 관세음이라 부르나이까?"

2.

부처님께서 무진의보살에게 고하시길:
"선남자여! 만약에 숱한 고뇌를 받고 있는 한량없는 백천만억의 중생들이 이 관세음보살을 듣고서, 일심으로 그 명호를 부르면 곧바로 관세음보살이 그 음성을 살펴보고(觀)

모두 다 해탈시켜주나니.

3.

만약에 이 관세음보살의 명호를 지닌다면 설령 큰 불구덩이에 들어갈지라도, 이 보살의 불가사의한 능력(威神力)으로 불이 능히 태우지 못하느니라.

그리고 큰물에 표류하게 될지라도, 그 명호를 부르면 곧바로 얕은 곳에 이르게 되며,

또한 백천만억의 중생들이 금·은·유리·자거·마노와 산호·호박·진주 등의 보배를 구하러 먼 바다에 들어갔다가, 설령 태풍이 몰아쳐 그 배가 휩쓸려서 나찰 귀신의 나라에 떨어질지라도,

그 가운데 한 사람이 관세음보살의 명호를 부르는 자가 있다면, 저 모든 사람들이 나찰

의 환난에서 전부가 벗어나게 되리니, 이러한 인연(因緣)으로 관세음이라 부르느니라.

4.

만약에 다시 어떤 사람이 해침을 당하게 될 적에도 관세음보살의 명호(名號)를 부르면, 그 칼이나 몽둥이가 삽시간에 산산이 부서져서 해탈을 얻게 되며,

혹은 삼천대천국토에 야차와 나찰들이 가득히 몰려와서 사람을 괴롭힐지라도, 관세음보살의 명호 부르는 소리를 들으면, 저 모든 악한 귀신들이 악의에 찬 눈으로 바라볼 수도 없거늘, 하물며 다시 해칠 수 있겠느뇨?

만약에 다시 어떤 사람이 죄가 있든 없든 간에 수갑과 족쇄를 차고 형틀을 쓰게 되어 그 몸이 묶였을지라도, 관세음보살의 명호를 부

르면, 모두가 다 끊어지고 부서져서 곧바로 해탈을 얻게 되리라.

혹은 삼천대천국토에 살인까지 일삼는 도적(怨賊)들이 우글대는 험난한 길을 한 상인(商人)의 우두머리가 여러 상인들을 거느리고, 귀중한 보물을 지니고서 지날 적에 그 가운데 한 사람이 이르기를,

'모든 선남자여! 겁내고 두려워하지 말고, 우리 모두 응당히 일심(一心)으로 관세음보살의 명호를 부릅시다. 이 보살께서 능히 중생의 두려움을 없애주시리니,

우리들이 이 명호를 부르면 저 도적들로부터 틀림없이 벗어날 수 있으리라.'고 외치자,

모든 상인(商人)들이 듣고 나서 다 함께 소리내어 '나무관세음보살'하고 부르면, 그 명호를 부른 까닭에 곧바로 벗어나게 되느니라.

무진의여! 관세음보살마하살의 위신력(威神力)이 이와 같이 높고도 우뚝하니라.

5.

만약에 어떤 중생이 음욕심이 많을지라도 항상 관세음보살을 생각하고 공경하면 곧바로 음욕을 여의게 되며,

혹은 걸핏하면 성내는 자라도 항상 관세음보살을 생각하고 공경하면 곧바로 성냄을 여의게 되고,

또한 어리석음이 많을지라도 항상 관세음보살을 생각하고 공경하면 곧바로 어리석음을 여의게 되리니.

무진의여! 관세음보살이 이와 같이 크나큰 위신력이 있어서 무척이나 요익되게 하나니, 언제나 중생들은 마땅히 마음에 깊이 새길지

어다.

6.
　만약에 어떤 여인이 설령 아들을 얻고자 하여 관세음보살에게 예경하고 공양하면 복스럽고 총명한 아들을 낳게 되며,
　설령 딸을 얻고자 할지라도 용모가 반듯하고 어여쁜 딸을 낳게 되어, 그 딸은 전생부터 덕의 씨앗을 심었기 때문에 많은 사람들이 사랑하고 공경하리니, 무진의여! 관세음보살이 이토록 위대한 능력이 있음이라.
　만약에 어떤 중생이 관세음보살에게 공경히 예를 올린다면 그 복이 헛되지 않으리니, 그렇기에 중생은 모두가 마땅히 관세음보살의 명호를 마음에 새겨 지닐지어다.
　무진의여! 만약에 어떤 사람이 62억 갠지스

강 모래수 보살들의 명호를 받아 지니고서, 또한 그 목숨이 다하도록 음식과 의복·침구와 의약을 공양한다면, 그대의 생각은 어떠한고? 이 선남자 선녀인의 공덕(功德)이 많지 않겠느뇨?"

 무진의가 사뢰기를 :

"매우 많겠사옵니다. 세존이시여!"

 부처님께서 이르시길 :

"만약에 또 다른 어떤 사람이 관세음보살의 명호를 마음에 새겨 지니고서 잠시라도 예경하고 공양하면, 이 두 사람의 복이 다르지 않고 똑같아서 백천만억겁 동안 정녕 다하여 없어지지 않으리니.

 무진의여! 관세음보살의 명호를 마음에 새겨 지니면, 이와 같이 한량없고 끝이 없는 복덕의 이익을 얻느니라."

7.

무진의보살이 부처님께 여쭙기를:
"세존이시여! 관세음보살은 이 사바세계를 어떻게 노닐며, 중생을 위하여 어떻게 설법하며, 방편의 힘은 그 일이 어떠하나이까?"

부처님께서 무진의보살에게 고하시길:
"선남자여! 만약에 어떤 국토의 중생이 있어서,

부처님의 몸으로 제도시킬 이는 관세음보살이 곧바로 부처님의 몸을 나타내어 설법하며, 벽지불의 몸으로 제도시킬 이는 곧바로 벽지불의 몸을 나타내어 설법하며, 성문의 몸으로 제도시킬 이는 곧바로 성문의 몸을 나타내어 설법하며,

범왕의 몸으로 제도시킬 이는 곧바로 범왕의 몸을 나타내어 설법하며, 제석천의 몸으로

제도시킬 이는 곧바로 제석천의 몸을 나타내어 설법하며, 자재천의 몸으로 제도시킬 이는 곧바로 자재천의 몸을 나타내어 설법하며, 대자재천의 몸으로 제도시킬 이는 곧바로 대자재천의 몸을 나타내어 설법하며, 천대장군의 몸으로 제도시킬 이는 곧바로 천대장군의 몸을 나타내어 설법하며, 비사문의 몸으로 제도시킬 이는 곧바로 비사문의 몸을 나타내어 설법하며,

소왕(小王)의 몸으로 제도시킬 이는 곧바로 소왕의 몸을 나타내어 설법하며, 장자의 몸으로 제도시킬 이는 곧바로 장자의 몸을 나타내어 설법하며, 거사의 몸으로 제도시킬 이는 곧바로 거사의 몸을 나타내어 설법하며, 관리의 몸으로 제도시킬 이는 곧바로 관리의 몸을 나타내어 설법하며, 바라문의 몸으로 제도시

킬 이는 곧바로 바라문의 몸을 나타내어 설법하며,

 비구·비구니·우바새·우바이의 몸으로 제도시킬 이는 곧바로 비구·비구니·우바새·우바이의 몸을 나타내어 설법하며,

 장자·거사·관리·바라문의 부인 몸으로 제도시킬 이는 곧바로 부인의 몸을 나타내어 설법하며, 동남·동녀의 몸으로 제도시킬 이는 곧바로 동남·동녀의 몸을 나타내어 설법하며,

 천·룡·야차와 건달바·아수라·가루라·긴나라·마후라가 등 사람인 듯 아닌 듯한 몸들로 제도시킬 이는 곧바로 그들의 몸을 나타내어 설법하며, 집금강신(執金剛神)의 몸으로 제도시킬 이는 곧바로 집금강신의 몸을 나타내어 설법하느니라.

무진의여! 이 관세음보살이 이와 같은 공덕을 성취하여 가지가지 모습으로 여러 세계에 노닐면서 중생을 제도하여 해탈시키나니, 이렇기에 그대들은 응당히 일심으로 관세음보살에게 공양할지어다.

이 관세음보살마하살은 두렵고도 무서운 위급한 환난 속에서도 능히 두려움을 없애주는 까닭에, 이 사바세계에서 모두가 '두렵지 않음을 베푸는 자(施無畏者)'라고 부르느니라."

8.

무진의보살이 부처님께 사뢰기를 :
"세존이시여! 제가 지금 마땅히 관세음보살에게 공양하겠나이다." 하고서, 곧바로 백천 냥 금의 값어치가 있는 온갖 보배 구슬과 영락이 달린 목걸이를 풀어 바치면서 이르

기를 :

"인자(仁者)시여! 법답게 베푸는 진귀한 보배와 영락을 받아 주옵소서!"

즈음하여 관세음보살이 기꺼이 받지 않으시거늘, 무진의가 또다시 관세음보살에게 조아리길 :

"인자시여! 저희들을 가엾이 여겨 이 영락을 받아 주옵소서!"

그때에 부처님께서 관세음보살에게 이르시길 :

"이 무진의보살과 사부대중과 천·룡·야차와 건달바·아수라·가루라·긴나라·마후라가 등 사람인 듯 아닌 듯한 자들을 가엾이 여겨 마땅히 이 영락(瓔珞)을 받을지어다."

곧바로 관세음보살이 모든 사부대중과 천·룡 등의 사람인 듯 아닌 듯한 자들을 가엾이 여겨, 그 영락을 받아서는 둘로 나누어 한쪽은 석가모니 부처님께 바치고, 한쪽은 다보불탑에 바치거늘.

"무진의여! 관세음보살이 이와 같이 자유자재한 신통력으로 사바세계에 노니느니라."

9.

그때에 무진의보살이 게송으로 여쭙기를:

頌

"묘한 상호 구족하신 세존이셔!
　제가 이제 거듭 이 일 물사오니
　저 불자는 이 어떠한 인연으로
　그 명호가 관세음이 됐나이까?"

묘한 상호 구족하신 세존께서 게송으로 무진의에게 답하시길:

頌1

① "그대 온갖 처소마다 적절하게
　　나타나는 관음의 행 들을지니
　　큰 서원은 깊고 깊어 바다 같고
　　불가사의(不思議) 겁 동안을
　　수천억의 부처님을 뫼시면서
　　맑고 맑은 크나큰 원 세웠거늘
② 그대 위해 간략하게 설하노니
　　명호 듣고 모습 보아 한갓되게
　　지나치지 아니하면
　　숱한 고통 사라지리.

　　　　頌2
① 뉘 있어서 해침 입어
　　큰 불 속에 떨어져도
　　관음보살 그 힘 믿고 염한다면
　　불구덩이 변하여서 연못 되고
② 뉘 있어서 깊은 바다 표류하여

용과 고기·귀신 재난 당할 적에
관음보살 그 힘 믿고 염한다면
크고 작은 파도 능히 사라지리.

頌 3

① 뉘 있어서 저 수미산 정상에서
떠밀리어 추락하게 될지라도
관음보살 그 힘 믿고 염한다면
태양 같이 허공중에 머무르고
② 뉘 있어서 악인에게 쫓기다가
금강산에 떨어지게 될지라도
관음보살 그 힘 믿고 염한다면
털끝 하나 손상되지 않으리라.

頌 4

뉘 있어서 원적 만나 에워싸고
칼을 들어 해치려고 할지라도
관음보살 그 힘 믿고 염한다면

저들 모두 자비심이 일어나리.

頌 5

뉘 있어서 국법 어긴 죄명으로
사형(死刑) 받아 죽게 될 적
관음보살 그 힘 믿고 염한다면
칼이 즉시 조각조각 부러지리.

頌 6

뉘 있어서 죄수되어 큰 칼 쓰고
손과 발이 쇠고랑에 묶였어도
관음보살 그 힘 믿고 염한다면
절로 풀려 속박에서 벗어나리.

頌 7

저주하는 주술·온갖 독약으로
그의 몸을 해치고자 할지라도
관음보살 그 힘 믿고 염한다면
되레 그자 본인에게 돌아가리.

頌8

뉘 있어서 악귀·나찰(羅刹)
독룡들과 온갖 귀신 만날 적에
관음보살 그 힘 믿고 염한다면
그 모두가 감히 바로 못 해치리.

頌9

① 뉘 있어서 악한 짐승 에워싸서
날카로운 이빨·발톱 무서워도
관음보살 그 힘 믿고 염한다면
사방으로 쏜살같이 도망치고
② 독사·전갈 독한 기운 뿜어대길
불꽃처럼(火燃) 할지라도
관음보살 그 힘 믿고 염한다면
그 소리에 스스로가 돌아가리.

頌10

먹구름에 번개 치고 천둥 울려

우박이나 장대비가 쏟아져도
관음보살 그 힘 믿고 염한다면
때맞춰서 흩어지고 사라지리.

게11

뭇 중생들 곤경이나 재앙 만나
숱한 고통 그 몸 핍박 받더라도
관음보살 묘한 지혜 그 힘으로
세간 고통(世間 苦痛) 구해주리.

게12

신통력(神通力)이 구족하고
지혜(智慧)·방편(方便) 널리 닦아
시방세계(十方世界) 온 누리에
곳곳마다 변화된 몸 나타내어
가지가지 몹쓸 세계
지옥·아귀·축생들의
생로병사 그 고통을

점차로 다 없애주리.

頌13

진실(眞實)하게 관찰하고(眞觀)
청정(淸淨)하게 관찰하며(淸淨觀)
넓고도 큰 지혜로써 관찰하고(廣大智慧觀)
측은(惻隱)하게 바라보며(悲觀)
사랑스레 바라보는(慈觀) 관세음을
늘 원하고 늘 우러러 볼지어다.

頌14

티없이도 맑고 맑은 광명이여!
온갖 어둠 몰아내는 태양 같은 지혜로써
불과 바람 재앙들을 잠재우고
세상 곳곳 두루 밝게 비추나니

頌15

중생들의 고통 뽑는 마음으로(悲)
계율 삼는 우레 소리!

중생들의 기쁨으로 뜻을 삼는(慈)
크고도 큰 묘한 구름!
감로 같은 진리의 비 흠씬 뿌려
불꽃처럼 타는 번뇌 식혀주리.

게 16

다투거나 소송하여 법정 서고
무섭고도 공포 가득 전쟁 중에
관음보살 그 힘 믿고 염한다면
모든 원수 물러나서 흩어지리.

게 17

① 묘한 음성 관세음과(妙音觀世音)
천상 세계 맑은 소리(梵音)
때맞춰서 들고나는 파도소리(海潮音)
세상 어떤 소리보다 빼어날새
모름지기 항상 믿고 염하여서
② 잠시라도 의심하지 말지어니

맑고 맑아 성스러운 관세음은
　　죽음이나 고뇌 속의 액난에서
　　능(能)히 믿고 의지(依支)할 곳!
　③ 일체 공덕(一切功德) 갖추고서
　　중생에게 자애로운 눈길 주며
　　쌓은 복은 바다같이 무량하니
　　응당 머리 숙여 예경 드릴지라."

10.

그때에 지지보살(持地菩薩)이 곧바로 자리에서 일어나 부처님 앞에 나아가 사뢰기를 : "세존이시여! 만약에 어떤 중생이 이 관세음보살품의 자유자재한 활동과, 넓은 문으로 드러내 보인(普門示現) 신통력을 들은 자는 이 사람의 공덕이 적지 않다는 걸 분명히 알겠사옵니다." 하였나니.

부처님께서 이 보문품(普門品)을 설하실 적에, 대중 가운데 8만4천의 중생들이 모두가 견줄 수 없이 평등한 '아뇩다라삼먁삼보리'의 마음을 내었나이다.

묘법연화경 관세음보살보문품 제24 마침

묘법연화경(妙法蓮華經)
다라니품(陁羅尼品) 제25

1.
그때에 약왕보살이 곧바로 자리에서 일어나 오른쪽 어깨를 내보이고 부처님을 향하여 합장하며 사뢰기를 :

"세존이시여! 만약에 선남자 선여인이 법화경을 능히 마음에 새겨 지니고서, 혹은 독송하여 막힘없이 통달하고, 혹은 경전을 베껴 쓰면 얻을 복이 얼마나 되나이까?"

부처님께서 약왕에게 고하시길 :

"만약에 선남자 선여인이 8백만 억 나유타 갠지스강 모래수의 제불들께 공양한다면, 그대의 생각은 어떠한고? 그 얻을 복이 정녕 많겠느뇨?"

"매우 많겠나이다. 세존이시여!"

부처님께서 이르시길 :

"만약에 선남자 선여인이 능히 이 경전의 한 4구게(四句偈)만이라도 마음에 새겨 지니고서, 독송하며 뜻을 풀어주고 설한대로 수행한다면, 그 공덕이 더 많고도 많으니라."

2.

그때에 약왕보살이 부처님께 사뢰기를 :

"세존이시여! 제가 이제 마땅히 설법하는 자에게 다라니주(陀羅尼呪)를 주어 그를 수호하겠나이다."

그리하여 곧바로 주문 설하기를 :

"안녜 만녜 마녜 마마네 칫테 차리테 사메 사미타 비샨테 묵테 묵타타메 사메 아위샤메 사마사메 자예 크샤예 악샤예 악시네 샨테 사미테 다라니 아로카바세 프라티아벡사니 니디루 아비얀타라 니비스테 아비얀타라 파리숫디 무트쿠레 무트쿠레 아라데 파라데 스캉크시 아사마사메 붓다비로키테 다르마 파릭시테 상가 니르고사니 니르고니 바야바야 비쇼다니 만트레 만트락 사야테 루테 루타 캬우샤리예 악사예 악사야 바나타예 밧크레 바로다 아만야 나타예 스와하

세존이시여! 이 다라니신주(神呪)는 62억 갠지스강 모래수의 제불께서 설하셨거니와 만약에 이 법사를 침해하거나 헐뜯는 자가 있다면, 그것은 곧바로 제불을 침해하고 헐뜯는 것이옵니다."

때에 석가모니불께서 약왕보살을 칭찬하여 이르시길:

"훌륭하고도 훌륭하구나. 약왕이여! 그대

가 이 법사를 가엾이 여기며 옹호하려고 이토록 다라니를 설하다니, 모든 중생에게 요익됨이 무척이나 많으리라."

3.

그때에 용시보살이 부처님께 사뢰기를 : "세존이시여! 저 역시 법화경을 독송하고 마음에 새겨 지니는 자를 옹호하기 위해 다라니를 설하겠사옵니다.

만약에 법사가 이 다라니를 얻으면, 혹은 야차거나 혹은 나찰이거나 때로는 부단나(富單那)거나 때로는 길자(吉遮)와 구반다와 아귀 등이 그의 단점을 찾으려 해도, 능히 틈을 얻지 못하도록 하겠나이다."

그리하여 곧바로 부처님 앞에서 주문 설하기를 :

"즈바레 마하즈바레 욱케 툭케 묵케 아데 아다바티 누리티예 누리티야바티 잇티니 빗티니 칫티니 누리티야니 누리티야바티 스와하

세존이시여! 이 다라니신주는 갠지스강 모래수의 제불께서 설하셨으며, 또한 다 함께 따라 기뻐하셨거니와 만약에 이 법사를 침해하거나 헐뜯는 자가 있다면, 그것은 곧바로 제불을 침해하고 헐뜯는 것이옵니다."

4.

그때에 세상을 수호하는 비사문천왕이 부처님께 사뢰기를:

"세존이시여! 저 역시 중생들을 가엾이 여기고, 법사를 옹호하기 위한 까닭에 이 다라니를 설하겠나이다."

그리하여 곧바로 주문 설하기를:

"앗테 닷테 낫테 바낫테 아나데 나디 쿠나디 스와하

세존이시여! 이 신주로 법사를 옹호하고 저 역시 스스로 이 경 지니는 자를 마땅히 옹호하여, 1백유순 안에 온갖 쇠락과 환난이 없도록 하겠사옵니다."

5.

그때에 지국천왕이 이 모임 가운데의 천만 억 나유타 건달바 대중에게 공경받으며 에워싸인 채, 부처님의 처소 앞에 나아가 합장하고 사뢰기를:

"세존이시여! 저 역시 다라니신주로 법화경 지니는 자를 옹호하겠나이다."

그리하여 곧바로 주문 설하기를:

"아가네 가네 가우리 간다리 찬다리 마탕기

풋카시 상크네 불사리 시시 스와하

 세존이시여! 이 다라니신주는 42억 제불께서 설하셨거니와 만약에 이 법사를 침해하거나 헐뜯는 자가 있다면, 그것은 곧바로 제불을 침해하고 헐뜯는 것이옵니다."

6.

 그때에 나찰녀(羅刹女)들이 있었으니, 첫째 이름은 남바(藍婆)며 둘째 이름은 비남바(毘藍婆)요 셋째 이름은 곡치(曲齒)며 넷째 이름은 화치(華齒)요 다섯째 이름은 흑치(黑齒)며 여섯째 이름은 다발(多髮)이요 일곱째 이름은 무염족(無厭足)이며 여덟째 이름은 지영락(持瓔珞)이요 아홉째 이름은 고제(睪帝)며 열째 이름은 탈일체중생정기(奪一切衆生精氣)였나니.
 이 열 명의 나찰녀가 귀자모(鬼子母)와 아들

러 그의 아들과 권속(眷屬)들이 다 함께 부처님의 처소에 나아가 한 목소리로 부처님께 사뢰기를:

"세존이시여! 저희들도 역시나 법화경을 독송하고 마음에 새겨 지니는 자를 옹호하여 그의 쇠락과 환난을 없애주고, 설령 법사의 단점을 찾으려 해도 틈을 얻지 못하도록 하겠사옵니다."

그리하여 곧바로 부처님 앞에서 주문 설하기를:

"이티메 이티메 이티메 이티메 이티메
니메 니메 니메 니메 니메
루헤 루헤 루헤 루헤 루헤
스투헤 스투헤 스투헤 스투헤 스투헤 스와하

세존이시여! 차라리 저희 머리 위에 오르게 할지언정 법사를 괴롭히지 못하게 하리니.

혹은 야차거나 혹은 나찰이거나 때로는 아귀거나 때로는 부단나거나 혹은 길자·비다라(毘陀羅)·건타(健馱)·오마륵가(烏摩勒伽)와 때로는 아발마라(阿跋摩羅)·야차길자(夜叉吉蔗)·인길자(人吉蔗)거나,

혹은 하루·이틀·사흘·나흘과 일주일 동안 아플 열병(熱病)이거나 혹은 항상 아플 열병이거나 때로는 남자·여자의 모습과 동남·동녀의 모습으로 변한 악귀가 심지어 꿈 속일지라도, 또한 다시는 괴롭히지 못하도록 하겠사옵니다."

7.

이어서 곧바로 부처님 앞에서 게송으로 사뢰기를:

頌1

"만약 나의 이 주문을 무시하고
　설법자(說法者)를 괴롭히면
　아리수(阿利水)의 가지처럼
　그의 머리 일곱으로 쪼갤 거며

　　　頌 2

　부모(父母) 죽인 무거운 죄(罪)
　기름 짤 때 속인 죄(罪)와
　저울눈과 되로 사람 속인 죄와
　승가교단 파하였던 조달같이
　이 법사(法師)를 해(害)한 자는
　이와 같은 재앙 응당 받으리라."

8.
모든 나찰녀가 이 게송을 설한 뒤에 부처님께 사뢰기를:
"세존이시여! 저희들도 역시나 스스로 이

경을 마음에 새겨 지니면서, 독송하며 수행하는 자를 마땅히 옹호하여 안온을 얻게 하고, 모든 쇠락과 환란(患亂)을 여의도록 하겠으며, 온갖 독약을 소멸시키겠나이다."

부처님께서 모든 나찰녀에게 고하시길 : "훌륭하고도 훌륭하구나. 그대들이 오직 법화(法華)라는 이름만 받아 지니는 자를 옹호할지라도 그 복이 정녕 헤아릴 수 없거늘,

어찌 하물며 빠짐없이 갖춰 마음에 새겨 지니면서 경전에 공양하되, 꽃과 향과 영락과 말향·도향·소향과 깃발·일산·풍악과 소등·유등의 온갖 향유등과 소마나화(蘇摩那華)유등·첨복화유등·바사가화(婆師迦華)유등·우발라화(優鉢羅華)유등 가지가지 등을 켜는 이와 같은 백천 가지를 공양하는 자이겠느뇨?

고제여! 그대들과 권속들은 이러한 법사를 응당히 옹호할지어다."
이 다라니품을 설하실 적에 6만8천 인(人)이 무생법인을 얻었나이다.

묘법연화경 다라니품 제26 마침

묘법연화경(妙法蓮華經)
묘장엄왕본사품(妙莊嚴王本事品) 제26

1.

그때에 부처님께서 모든 대중에게 고하시길 : "멀고도 먼 옛적에 한량없고 끝이 없는 불가사의 아승기겁을 지나 부처님이 계셨으니, 명호가 운뢰음수왕화지(雲雷音宿王華智) 다타아가도·아라하·삼먁삼불타시라.

세계 이름은 광명장엄(光明莊嚴)이고 겁의 이름은 희견(憙見)이거늘, 저 불법(佛法) 가운데 왕이 있었으니 이름이 묘장엄(妙莊嚴)이고 그의 왕비는 이름이 정덕(淨德)이며, 두 왕자가 있었으니 첫째는 정장(淨藏)이고 둘째는 정안(淨眼)이었느니라.

이 두 왕자가 큰 신통력과 복덕과 지혜가 있

었으며, 보살도(菩薩道)를 오래도록 수행하였으니, 이른바 보시바라밀·지계바라밀·인욕바라밀·정진바라밀·선정바라밀·반야바라밀·방편바라밀과 자(慈)·비(悲)·희(喜)·사(捨)와 나아가 삼십칠품(三十七品)의 조도법(助道法)을 모두가 명료하게 통달하였으며,

또한 보살의 정삼매(淨三昧)·일성수삼매(日星宿三昧)·정광삼매(淨光三昧)·정색삼매(淨色三昧)·정조명삼매(淨照明三昧)·장장엄삼매(長莊嚴三昧)·대위덕장삼매(大威德藏三昧)를 얻어, 이런 삼매에 역시나 모두 통달하였느니라.

2.

그때에 저 부처님께서 묘장엄왕과 중생들을 가엾이 여기시고 인도(引導)하고자 이 법화경을 설하셨나니.

즈음하여 정장과 정안 두 왕자가 왕비의 처소에 이르러서 열 손가락을 모아 합장하고 사뢰기를,

'원하옵건대 어머니께서는 운뢰음수왕화지불의 처소에 가시옵소서! 저희들도 또한 마땅히 모시고 가서 친근하고 공양·예경하리니,

왜냐하오면 이 부처님께서 모든 천상(天上)의 신들과 인간 대중에게 법화경을 설하고 계시거늘, 당연히 듣고 받아들여야 하기 때문이옵니다.'

왕비가 왕자들에게 이르기를,

'너희 아버지가 외도(外道)를 믿어 바라문의 가르침에 깊이 빠지셨거늘, 마땅히 너희들은 아버지를 찾아가서 함께 가자고 사뢸지어다.'

정장(淨藏)과 정안(淨眼)이 열 손가락을 모아 합장하고 왕비에게 사뢰기를,

'저희들이 이런 외도의 집안(邪見家)에 태어났거니와 실제로는 법왕(法王)의 아들이옵니다.'

왕비가 왕자들에게 이르기를,

'너희들은 마땅히 아버지를 걱정해서라도 신통(神通) 변화를 나타낼지니, 만약에 그것을 본다면 반드시 마음이 청정해져 우리들이 부처님의 처소에 가도록 허락하시리라.'

3.

이에 두 왕자가 그들의 부왕(父王)을 생각해서 7다라수 높이의 허공에 솟아올라 가지가지 신통 변화를 부렸나니.

허공 가운데 가고 머물고 앉고 눕고 하면서,

상반신에서 물을 뿜어대고 하반신은 불을 뿜어대며, 또는 하반신에서 물을 뿜어대며 상반신은 불을 뿜어댔고,

혹은 커다란 몸을 나타내어 허공에 가득 찼다가 다시 왜소한 몸을 나타내고, 왜소한 몸이 다시 커다란 몸을 나타냈으며,

공중에서 사라졌다가 홀연히 땅에 나타나고, 물같이 땅속으로 스며들고 물 위를 땅같이 밟으면서 걸었으니, 이와 같은 가지가지 신통 변화를 나타내자, 부왕(父王)의 마음이 청정해져 믿고 이해하게 되었느니라.

즈음하여 부왕이 왕자들의 이와 같은 신통력을 보고서, 매우 기쁜 마음으로 미증유를 얻고서는 왕자들에게 합장하면서 이르기를,

'너희들의 스승은 누구시며, 너희는 누구의 제자인고?'

두 왕자가 사뢰기를,

'대왕이시여! 저 운뢰음수왕화지불께서 지금 칠보탑의 보리수 아래 법좌(法座) 위에 앉으셔서, 일체 세간 천상의 신들과 인간 대중에게 법화경을 널리 설하고 계시나니, 이분이 저희들의 스승이시며 저희는 이분의 제자이옵니다.'

부왕이 왕자들에게 이르기를,

'나 또한 지금 너희들의 스승을 친견하고자 하니, 정녕 우리 함께 가도록 하자.'

이에 두 왕자가 공중에서 내려와 그들의 어머니 처소에 이르러 합장하고 사뢰기를,

'부왕께서 이제 이미 믿고 이해하셔, 아뇩다라삼먁삼보리의 마음을 일으킬 만큼 되셨나이다.

저희들이 부왕을 위하여서 이미 불사를 지

었으니, 원하옵건대 어머니께서는 저 부처님 처소에 출가하여 도(道)를 닦도록 살피시고 허락하여 주옵소서!'라 하였느니라.

4.

이어서 두 왕자가 거듭하여 그 뜻을 펴고자 게송으로 왕비에게 사뢰기를:

頌1

'어머님께 원하노니 저희들이
출가하여 사문되게 하옵소서!
제불 만나 뵙기 매우 어렵거늘
부처님을 좇아 저희 배우고자 하옵니다.

頌2

우담발라 꽃과 같이 여래 또한
만나 뵙기 어렵고도 어려우며
온갖 환난 벗어남도 어려울새

원하건대 저희 출가 허(許)하소서!'

5.
왕비가 바로 즉시 사뢰기를,
'너희들의 출가(出家)를 허락하노니, 어인 까닭인고? 부처님을 만나 뵙기 참으로 어렵기 때문이니라.'
이에 두 왕자가 부모님께 사뢰기를,
'거룩하십니다. 대왕과 왕비시여! 원하옵건대 운뢰음수왕화지불의 처소에 때맞춰 나아가셔, 친근하여 공양하옵소서!
왜냐하오면 부처님을 만나기란 마치 우담발라꽃 같으며, 또한 외눈 거북이가 바다에 떠다니는 구멍 뚫린 나무토막을 만나는 것과 같기 때문이옵니다.
저희들은 전생에 지은 복이 깊고 두터워서

이곳에 태어나 불법을 만났으니, 두 분께서는 저희들의 출가를 마땅히 허락하여 주옵소서!

 왜냐하오면, 모든 부처님은 만나 뵙기 어려울 뿐만 아니라, 이런 시절 또한 만나기가 어렵기 때문이옵니다.'

6.

 즈음하여 묘장엄왕의 8만4천의 후궁들이 모두가 다 이 법화경을 마음에 새겨 지닐만하게 되었느니라.

 또한 정안보살은 법화삼매에 이미 오래전에 통달하였고, 정장보살도 한량없는 백천만억겁 동안 이제악취삼매(離諸惡趣三昧)를 이미 통달하여, 일체중생들이 온갖 나쁜 갈래(惡趣)를 떠나도록 하였으며,

왕비도 제불집삼매(諸佛集三昧)를 얻고 제불(諸佛)의 비밀스러운 법장을 능히 알았느니라.

7.

두 왕자가 이와 같은 방편의 힘으로 그들의 부왕을 잘 교화시켜, 마음으로 믿고 이해하여 불법을 좋아하게 하였나니.

이에 묘장엄왕이 여러 신하·권속들과 함께 하고, 정덕부인은 후궁·채녀(婇女)·권속들과 함께하며, 그 왕의 두 왕자는 4만2천 인(人)과 함께 동시에 부처님의 처소에 이르러서, 머리를 조아리며 발에 예경하고 부처님의 주위를 세 번 돌고 나서 물러나 한쪽에 머물렀느니라.

그때에 저 부처님께서 왕을 위하여 설법하사, 보이고(示) 가르치고(敎) 이롭게 하고(利) 기쁘도록 하시니(喜), 왕이 크게 기뻐하였도다.

 즈음하여 묘장엄왕과 그의 왕비가 백천 냥의 가치가 있는 진주와 영락의 목걸이를 풀어서 부처님 위에 흩으니,

 허공에서 네 기둥의 보배 좌대로 변하였고, 좌대(座帶) 한가운데 커다란 보배 법상(法床)이 있었으며, 백천만의 하늘 옷이 깔렸거늘, 그 위에 부처님께서 가부좌를 맺으시고 크나큰 광명을 놓으셨느니라.

 그러자 묘장엄왕이 생각하기를,

 '부처님의 옥체는 참으로 희유하여 단엄하고 출중하사 가장 으뜸가는 미묘한 색신(色身)을 성취하셨도다.'

 8.

 때에 운뢰음수왕화지불께서 사부대중에게

고하시길,

'그대들은 이 묘장엄왕이 내 앞에서 합장하고 서있는 것을 보느뇨? 이 왕이 나의 법 가운데 비구가 되어 부지런히 정진하며, 닦고 익히면서 불법을 돕다가 틀림없이 성불하리니, 명호는 사라수왕(娑羅樹王)이리라.

세계 이름은 대광(大光)이고 겁의 이름은 대고왕(大高王)이니, 이 사라수왕불에게 한량없는 보살대중과 한량없는 성문들이 있을 거며, 그 국토는 평평하고 반듯하리니 공덕이 이와 같으리라.' 하셨거늘.

왕은 곧바로 나라를 아우에게 맡기고 왕비와 두 왕자와 아울러 여러 권속들과 함께 불법 가운데 출가하여 도를 닦았느니라.

왕이 이미 출가(出家)하여 8만4천 년을 항상 부지런히 정진하여 묘법연화경을 수행하다가, 이를 지난 이후에 일체정공덕장엄삼매(一切淨功德莊嚴三昧)를 얻고, 곧바로 7다라수 높이의 허공에 올라 부처님께 사뢰기를,

'세존이시여! 저의 두 아들이 이미 불사를 지어 신통 변화로 저의 삿된 마음을 돌려, 불법 가운데 안주토록 하였으며 세존을 친견할 수 있도록 하였나니.

이 두 아들은 바로 저의 선지식으로, 전생의 선근(善根)을 일으켜 저를 요익코자 저의 왕가에 태어났나이다.'

9.

그때에 운뢰음수왕화지불께서 묘장엄왕에게 고하시길,

'이와 같고 이와 같도다. 그대의 말과 같이 만약에 선남자 선여인이 착한 씨앗을 심었다

면, 세세생생토록 선지식을 만나게 되리니.
 그 선지식이 능히 불사를 지어, 보이고(示) 가르치고(敎) 이롭게 하고(利) 기쁘도록 하면서(喜) 최상의 완전한 깨달음에 들도록 하느니라.
 대왕이여! 분명히 알지어니, 선지식은 바로 커다란 인연이라. 이른바 교화·인도하여 부처님을 친견토록 하고 최상의 완전한 깨달음의 마음을 일으키게 하나니, 대왕이여!
 그대는 저 두 아들을 보느뇨? 저 두 아들은 이미 65백천만억 나유타 갠지스강 모래수의 제불께 일찍이 공양하여 친근·공경하였으며,
 제불(諸佛)의 처소에서 법화경을 마음에 새겨 지니고서, 삿된 견해에 빠진 중생들을 가엾이 여겨 바른 견해에 머물도록 하였느니라.'

10.

그러자 묘장엄왕이 곧바로 허공에서 내려와 부처님께 사뢰기를,

'세존이시여! 여래는 참으로 희유하사 공덕과 지혜를 지니신 까닭에 정수리의 육계(肉髻)에서 광명을 드러내 비추시고,

그 눈은 길고도 넓으면서 감청색이시며, 미간(眉間)의 백호상은 희기가 보배 달과 같으시고, 치아 또한 희고 가지런해 틈새가 없고 항상 환하게 빛나시며, 입술은 붉고 고와 빈바(頻婆)의 열매 같사옵니다.' 하였나니.

선남자여! 묘장엄왕이 부처님의 이와 같은 한량없는 백천만억의 공덕을 찬탄하고 나서, 여래 앞에 일심으로 합장하고 또다시 부처님께 사뢰기를,

'세존이시여! 일찍이 없던 일이옵니다. 여래의 법은 불가사의 미묘한 공덕을 빠짐없이 갖춰 성취토록 하시며, 그 가르침과 계율(戒律)의 행하심이 안온하고 쾌락하여 참으로 좋도록 하시옵니다.

제가 이제부터 다시는 스스로 마음대로 행하지 않고, 삿된 견해와 교만과 성내는 온갖 악한 마음을 내지 않겠나이다.'

이 말을 마치고 부처님께 예경하고 물러났느니라."

12.

부처님께서 대중에게 고하시길 :

"묘장엄왕이 어찌 다른 사람이랴? 지금의 화덕보살이 바로 그이고, 정덕부인은 지금 부처님 앞의 광조장엄상보살(光照莊嚴相菩薩)이

바로 그이니라.

　묘장엄왕과 모든 권속들을 가엾이 여긴 까닭에, 그곳에 태어난 두 왕자는 지금의 약왕보살(藥王菩薩)과 약상보살(藥上菩薩)이 바로 그들이다.

　이 약왕·약상보살이 이러한 온갖 위대한 공덕을 성취하였으니, 이미 한량없는 백천만억 제불의 처소에서 온갖 덕의 씨앗을 심어 불가사의한 모든 착한 공덕을 성취하였느니라.

　만약에 어떤 사람이 이 두 보살의 명호만이라도 안다면, 일체 세간 모든 천상의 신들과 인간들이 또한 마땅히 예경하리라."

　부처님께서 이 묘장엄왕본사품을 설하실 적에 8만4천 인(人)이 티끌을 멀리하고 더러움을 떠나게 되었으며, 모든 법 가운데(諸法中)

진리의 눈(法眼)이 맑아짐을 얻었나이다.

묘법연화경 묘장엄왕본사품 제26 마침

묘법연화경(妙法蓮華經)
보현보살권발품(普賢菩薩勸發品) 제27

1.

그때에 자유자재한 신통력과 위엄과 덕망이 널리 알려진, 보현보살(普賢菩薩)이 한량없고 끝이 없는 헤아릴 수 없이 많은 대보살들과 함께 동방에서 좇아오거늘.

지나온 모든 국토가 널리 다 진동하고 보배 연꽃이 비 오듯이 내렸으며, 한량없는 백천만억의 가지가지 풍악이 울리더이다.

또한 많고 많은 천·룡·야차와 건달바·아수라·가루라·긴나라·마후라가 등 사람인 듯 아닌 듯한 대중에게 에워싸였으며,

위덕과 신통력을 나타내면서 사바세계의 기사굴산에 이르러서, 머리를 조아리며 석가

모니불께 예경하고 오른쪽으로 일곱 번을 돌고 나서 부처님께 사뢰기를 :

"세존이시여! 제가 보위덕상왕불(寶威德上王佛)의 세계에 있다가 이 사바세계에서 법화경 설하심을 멀리서 듣자옵고, 무량무변(無量無邊)의 백천만억 모든 보살대중과 함께 듣고서 지니고자 왔사오니, 원하옵건대 부디 세존께서는 마땅히 설하여 주옵소서!

선남자 선여인이 여래께서 멸도하신 뒤에, 어찌하면 이 법화경을 능히 얻을 수 있사옵니까?"

2.

부처님께서 보현보살에게 고하시길 :

"만약에 선남자 선여인이 네 가지 법(法)을 성취하면, 여래가 멸도한 뒤에 마땅히 이 법화경을 얻으리니.

첫째는 제불의 보살핌과 두호가 있어야 하며, 둘째는 온갖 덕의 씨앗을 심어야 하며, 셋째는 반드시 성불이 결정된 부류(正定聚)에 들어야 하며, 넷째는 일체중생을 구제하려는 마음을 일으킴이다.

선남자 선여인이 이와 같은 네 가지 법을 성취하여야 여래가 멸도한 뒤에 반드시 이 경을 얻게 되느니라."

3.

그때에 보현보살이 부처님께 사뢰기를: "세존이시여! 맨 마지막 5백 년(後五百歲)의 오탁악세 가운데 이 경전을 마음에 새겨 지니는 자가 있다면, 제가 마땅히 수호하여 그의 쇠락과 환난을 없애주어 안온을 얻도록 하고,

허물을 엿보는 자가 그 틈을 얻지 못하게 하겠사오니.

혹은 마왕이거나 마왕의 아들딸·마왕의 권속·마왕에게 홀린 자거나, 혹은 야차거나 나찰·구반다·비사사·길자·부단나·위타라 등의 사람을 괴롭히는 자들 누구라도 그 틈을 얻지 못하도록 하겠나이다.

이 사람이 혹은 거닐고 혹은 서서 이 경을 독송하면, 제가 그때 여섯 어금니의 흰 코끼리왕(六牙白象王)을 타고, 훌륭한 보살대중과 함께 그곳에 나아가 스스로 몸을 나타내어, 공양하고 수호해서 그의 마음을 편안하게 위안하리니, 역시나 법화경에도 공양하고자 하기 때문이옵니다.

이 사람이 혹은 앉아서 이 경을 사유하면 그럴 적에도 제가 다시 흰 코끼리 왕을 타고

그 사람 앞에 나타날 것이며,

그 사람이 혹은 법화경의 한 구절 한 게송이나마 잊었다면, 제가 마땅히 그를 가르치고 함께 독송하여 아무런 막힘없이 통하도록 하겠나이다.

그리하여 법화경을 마음에 새겨 지니고서 독송하는 그 사람은 저의 몸을 보고, 매우 크게 기뻐하면서 다시 더욱 정진할 것이옵니다.

또한 저를 본 덕분에 곧바로 삼매와 다라니를 얻으리니, 그 명칭은 선다라니(旋陁羅尼)와 백천만억선다라니(百千萬億旋陁羅尼)와 법음방편다라니(法音方便陁羅尼)로 이와 같은 다라니들을 얻게 되나이다.

4.

세존이시여! 만약에 뒷날 맨 마지막 오백

년의 오탁악세 가운데 비구·비구니·우바새·우바이로서, 이 경을 구해 찾거나 받아 지니거나 독송하거나 베껴 쓰는 자가 이 법화경을 닦아 익히고자 한다면,

마땅히 삼칠일 간(二十一日) 일심으로 정진해야 하며, 삼칠일을 다 채우면 제가 틀림없이 여섯 어금니의 흰 코끼리를(六牙白象) 타고 한량없는 보살들에게 스스로 에워싸인 채,

일체중생들이 기뻐할 만한 몸으로 그 사람 앞에 나타나서 설법하여, 보이고(示) 가르치고(敎) 이롭게 하고(利) 기쁘도록(喜) 하겠나이다.

또다시 그에게 다라니주를 주겠사오니, 이 다라니를 얻게 되면 사람 아닌 존재가 능히 파괴치 못할 것이며,

또한 여인이 유혹하여 혼란스럽지 않도록

할 것이며, 저 자신도 역시나 이 사람을 항상 옹호하겠사옵니다.

세존이시여! 원하옵건대 제가 이 다라니주를 설하도록 부디 허락하여 주옵소서!"

그리하여 곧바로 부처님 앞에서 주문 설하기를:

"아단데 단다파데 단다 아발타니 단다 쿠샤레 단다 수다리 수다리 수다라 파데 붓다파스야네 살바다라 니아발타니 살바타니 상가파릭시테 상가닐가타니 다르마 파릭시테 살바삿트바 루타카우샬야 누가테 싱하비크리디테 아누발테 발타니 발타리 스와하

5.

세존이시여! 만약에 어떤 보살이든 이 다라니를 듣게 된다면, 그것은 보현의 신통력인

줄 분명히 알아야 하며,

또한 법화경이 염부제(閻浮提)에 유행하여 받아 지니는 자가 있다면, '이것은 모두가 보현보살의 위신력'이라고 마땅히 생각하여야 하옵니다.

만약에 받아 지니면서 독송(讀誦)하고 바르게 기억하며 그 뜻을 이해하여 설한대로 수행한다면,

이 사람은 보현행(普賢行)을 행하여 한량없고 끝이 없는 제불(諸佛)의 처소에서 착한 씨앗을 깊이 심었기에, 모든 여래께서 손으로 그의 머리를 어루만져 주신다는 걸 분명히 알아야 하나이다.

혹은 오직 베껴 쓰기만 할지라도 이 사람은 목숨이 마친 뒤에 마땅히 도리천 위에 태어나리니, 그때 8만4천 천상의 여인이 온갖 풍악

을 울리면서 나와 맞이할 것이옵니다.

 이 사람은 곧바로 칠보로 된 관을 쓰고 궁녀(婇女)들 가운데서 아주 즐겁게 놀 터인데, 어찌 하물며 마음에 새겨 지니면서 독송하고 바르게 기억하며, 그 뜻을 이해하여 설한대로 수행함이겠나이까?

 만약에 어떤 사람이 마음에 새겨 지니면서 독송하고 그 뜻을 이해한다면, 이 사람은 목숨이 마친 뒤에 1천의 부처님께서 손을 잡아주셔 공포로부터 벗어나게 하시며, 악도(惡道)에 떨어지지 않고 곧바로 도솔천(兜率天)의 미륵보살 처소에 왕생토록 하시리니.

 미륵보살이 서른두 가지 거룩한 모습의 대보살들에게 에워싸인 채, 백천만억 천상 여인의 권속들과 함께 계시는 그곳에 태어날 것이옵니다.

이와 같은 공덕과 이익이 있으므로 지혜로운 자는 응당히 일심으로 스스로 베껴 쓰며, 혹은 남에게도 쓰도록 하고, 마음에 새겨 지니면서, 독송하고 바르게 기억하며, 설한대로 수행하리니.

 세존이시여! 제가 이제 신통력으로 이 경을 수호할 것이며, 여래께서 멸도하신 뒤에라도 염부제 안에 널리 유포하여 끊어지지 않도록 하겠나이다."

 6.

 그때에 석가모니불께서 찬탄하여 이르시길 : "훌륭하고도 훌륭하구나. 보현이여! 그대가 능히 이 경을 수호하고 도와서 무척이나 많은 중생에게 안락과 이익을 주겠다니, 그대는 이미 불가사의한 공덕과 깊고도 큰 자비를

성취하였으며,

 아득히 오래전부터 '최상의 완전한 깨달음'에 뜻을 일으켰고, 능히 이러한 신통과 원력으로 이 경을 수호하였나니, 나도 마땅히 신통력으로 능히 보현보살의 명호 받아 지니는 자를 수호하리라.

 보현이여! 만약에 이 법화경을 마음에 새겨 지니면서, 독송하고 바르게 기억하며 닦아 익히면서 베껴 쓰는 자가 있다면,

 분명히 알지어다. 이 사람은 곧바로 석가모니불을 친견하고 부처님의 입으로 직접 이 경전을 듣는 것과 같으며,

 분명히 알지어다. 이 사람은 석가모니불에게 공양을 올리는 자이며,

 분명히 알지어다. 이 사람은 석가모니불이 훌륭하다고 찬탄하는 자이며,

분명히 알지어다. 이 사람은 석가모니불이 손으로 그의 머리를 어루만져 주는 자이며,

분명히 알지어다. 이 사람은 석가모니불이 옷을 덮어주는 자이니라.

7.

이와 같은 사람은 다시는 세상의 즐거움을 탐착하지 아니하고, 외도의 경서나 수필을 좋아하지 아니하며,

또다시 그런 사람이나 온갖 악한 자인 백정이나 돼지·양·닭·개들을 기르는 자나 사냥꾼·여색(女色)을 파는 자와 가까이하는 것을 달가워하지 아니하고,

이 사람은 마음과 뜻이 거짓 없이 정직하여 바르게 기억하고 복덕의 힘이 있으리라.

이 사람은 탐·진·치 삼독(三毒)의 시달림을

당하지 아니하며, 또다시 질투나 아만(我慢)·사만(邪慢)과 증상만(增上慢)의 괴롭힘도 당하지 아니하리라.

　이 사람은 욕심이 적고 만족할 줄 알아 능히 보현의 행을 수행하리니.

　보현이여! 만약에 여래가 멸도한 뒤, 맨 마지막 오백 년에 어떤 사람이 법화경을 마음에 새겨 지니면서 독송하는 자를 보거든,

　'이 사람은 머지않아 틀림없이 도량에 나아가 모든 마군들을 쳐부수고 아뇩다라삼먁삼보리를 얻어,

　진리의 수레바퀴(法輪)를 굴리고 진리의 북을 두드리며 진리의 소라를 불고 진리의 비를 내릴 것이며,

　천상의 신들과 인간 대중 가운데 사자좌(師子座) 위에 앉으리라.'고 마땅히 이렇게 생각

할지어다.

8.

보현이여! 만약에 뒷세상에 이 경전을 마음 깊이 새겨 지니면서 독송한다면, 이 사람은 다시는 의복·와구와 음식 등의 생활용품에 탐착하지 아니하고, 원하는 바도 헛되지 않을 것이며, 또한 살아생전에 그 복의 과보를 얻으리라.

만약에 어떤 사람이 업신여겨 헐뜯기를 '너는 정신 나간 사람으로 헛되이도 이런 행을 하다니, 결국에는 아무것도 얻지 못하리라.'고 한다면,

이와 같은 죄의 과보는 마땅히 세세생생토록 눈의 장애가 있을 거며, 반면에 공양·찬탄하는 자는 마땅히 금생에 좋은 과보가 나타

나리라.

 또다시 이 경(經)을 마음에 새겨 지니는 자를 보고 그 사람의 과오를 들춰내면, 그것이 사실이든 아니든 이 사람은 현세에 나병(白癩病)을 얻을 것이며,

 혹은 업신여기면서 비웃는 자도 마땅히 세세생생토록 치아가 성글고 흠결이 있으며, 입술은 추하고 코는 납작하며, 손발이 뒤틀려 어그러지고, 눈은 사시(斜視)가 되고, 신체는 악취가 나며, 나쁜 부스럼에 피고름이 흐르고, 배에 물이 차서 숨을 헐떡이며, 온갖 나쁜 중병에 걸리리라.

 이럴진대 보현이여! 만약에 이 경전을 마음에 새겨 지니는 자를 본다면, 일어나서 멀리서부터 맞이하되 마땅히 부처님을 공경하듯 할지어다.”

이 보현보살권발품을 설하실 적에, 갠지스강 모래수의 한량없고 끝이 없는 보살들이 백천만억선다라니를 얻었으며, 삼천대천세계 가는 티끌 수의 많은 보살들이 보현의 도(道)를 갖추게 되었음이라.

9.

부처님께서 이 법화경을 설하실 적에 보현 등의 모든 보살들과 사리불 등 여러 성문과 모든 천상의 신들과 용왕 등 사람인 듯 아닌 듯한 자들의 일체 모인 대중들이 부처님의 말씀을 마음에 새겨 지니고서, 전부가 다 크게 기뻐하였나이다.

묘법연화경 보현보살권발품 제27 마침

묘법연화경(妙法蓮華經)
촉루품(囑累品) 제28

1.

그때에 석가모니불께서 법좌에서 일어나셔 위대한 신통력으로 많고 많은 오른손을 내미시어, 한량없는 보살마하살의 정수리를 어루만지시며 이르시길 :

"내가 한량없는 백천만억 아승기겁 동안 이리도 얻기 어려운 '최상의 완전한 깨달음'의 법을 닦아 익혔거늘, 이제 그대들에게 부촉하노니,

그대들은 마땅히 일심으로 이 법을 유포하여 널리 더욱 이익 되게 할지어다."

이와 같이 세 번을 모든 보살마하살의 정수리를 어루만지시며 이르시길 :

"내가 한량없는 백천만억 아승기겁 동안 이리도 얻기 어려운 '최상의 완전한 깨달음'의 법을 닦아 익혔거늘, 이제 그대들에게 부촉하노니,

그대들은 마땅히 마음에 새겨 지니고서, 독송하며 이 법을 널리 펴서 일체중생이 두루 듣고 알게 할지니, 어인 까닭인고?

여래는 크나큰 자비가 있어 모든 것에 인색하지 아니하고, 또한 두려움도 없어서 능히 중생에게 부처의 지혜와 여래의 지혜와 자연의 지혜를 주기 때문이니라.

여래는 이토록 일체중생의 큰 시주(大施主)거늘, 그대들도 또한 마땅히 여래의 가르침을 함께 따라 배워서 인색함을 내지 말지어다.

만약에 선남자 선여인이 뒷세상에 여래의 지혜를 믿는 자가 있거든, 마땅히 이 법화경을 연설하여 듣고 알도록 할지니, 그 사람이 부처님의 지혜를 얻도록 하기 위함이니라.

　만약에 중생이 믿거나 받아들이지 않거든, 마땅히 여래의 또 다른 심오한 가르침을 보여주고(示) 가르치고(敎) 이롭게 하고(利) 기쁘도록(喜) 할지어다.

　그대들이 능히 이리하면 곧바로 이미 제불의 은혜를 갚는 것이니라."

3.

　즈음하여 모든 보살마하살이 부처님의 이런 말씀을 듣자옵고, 전부가 크나큰 기쁨이 온몸 가득히 두루 넘쳐 더욱 공경하며, 몸을 굽히고 머리 숙여 부처님을 향하여 합장하고 다

함께 소리 내어 사뢰기를:

"세존의 분부와 같이 마땅히 갖추어 봉행하겠나이다. 세존이시여! 바라옵건대 부디 심려치 마옵소서!"

모든 보살마하살이 이와 같이 세 번을 반복하여 다 함께 소리 내어 사뢰기를:

"세존의 분부와 같이 마땅히 갖추어 봉행하겠나이다. 세존이시여! 바라옵건대 부디 심려치 마옵소서!"

4.

그때에 석가모니불께서 시방세계에서 오신 모든 분신의 부처님께 제각기 본토로 돌아가도록 이르시길:

"제불께서는 저마다 편안함을 따르시고, 다보불탑도 예전처럼 돌아가옵소서!"

이런 말씀을 마치자 보배나무 아래 사자좌 위에 앉아 계신 시방세계 한량없는 분신의 모든 부처님과 다보불께서는 예를 올리고 물러가셨으며,

 아울러 상행(上行) 등의 끝이 없는 아승기의 보살대중과 사리불 등 성문의 사부대중과 그리고 일체 세간 천상의 신들과 인간·아수라들이 부처님의 말씀을 듣자옵고, 모두가 크게 환희하여 마음에 새겨 지니면서 받들어 실천하였나이다.

묘법연화경 촉루품 제28 마침

한글 묘법연화경 사경 ❺

불기 2567(癸卯)년 7월 15일 1쇄인쇄
불기 2567(癸卯)년 7월 25일 1쇄발행

편역인 | 각운 석봉곡(覺雲 釋峰谷)

발행처 | 불갑사 전일암
전남 영광군 불갑면 불갑사로 452-77
☎ 010-5558-4312
Email. mahaya14@hanmail.net

제작처 | 불교서원
광주광역시 동구 동계천로95번길 34
☎ (062) 226-3056 · 5056(팩스)
출판등록번호 : 제 105-01-0160호

ISBN 978-89-88442-40-1 (94220)
ISBN 978-89-88442-35-7 (5권세트)

정가 6,000원

본 책의 글 내용과 그림의 전재 및 복제를 금합니다.
책에 실린 변상도 저작권은 편역인에게 있으며 허가 없이 사용할 수 없습니다.